한자를 감수해 주신 우리나라 대표 한자 선생님들

훈장 _ 김봉곤
지리산 청학동에서 태어나 20년 동안 전통 서당에서 공부를 마치고 연세대 교육대학원과 고려대 정책대학원을 수료하였습니다. 현재 중국 소림사 문무학교 명예교장, 사단법인 우리문화 나눔 이사장, 전주 MBC에서 〈김봉곤 훈장의 Let's Go 古!〉를 진행하고 있습니다. 저서로는 〈청학동 김봉곤 훈장의 효와 예 이야기〉, 〈청학동 김봉곤 훈장의 장원급제 한자급수〉, 〈효자열전〉 등 다수가 있습니다.

선생 _ 박수밀
한양대학교 국어국문학과와 동 대학원을 졸업한 문학박사입니다. 현재 한양대학교 부설연구소 동아시아문화연구소 연구교수이며, 한문학과 총무이사 및 연구위원으로 EBS 프로그램 '한자야 놀자'를 진행하고 있습니다. 저서로는 〈한자의 이해〉(공저), 〈어린이 살아있는 한자 교과서〉(공저), 〈글로 만나는 옛 생각 고전 산문〉 등이 있습니다.

글 _ 이미지
〈슈퍼맨이 나타났다!〉로 제17회 MBC창작동화대상을 받으면서 동화를 쓰기 시작했습니다. 제13회 창비좋은어린이책 기획부문 대상을 받았으며, 어린이 책을 기획, 집필하는 동화 작가 모임 '날개 달린 연필'에서 활동하고 있습니다. 쓴 책으로는 〈감할머니의 신통방통 이야기보따리〉, 〈명탐정, 세계 기록 유산을 구하라!〉(공저), 〈뽕야의 지구별 경제 탐험 1, 2〉(공저) 등이 있습니다.

그림 _ 천숙연
프리랜스 일러스트레이터로 활동하고 있습니다. 그린 책으로는 〈선녀와 나무꾼〉, 〈울고 싶을 때 읽는 동화〉, 〈얘들아, 놀자!〉, 〈백설 공주는 요리사〉, 〈모든 일이 소중해〉, 〈다자구 할머니〉, 〈파브르 곤충기〉 등이 있습니다.

39 완벽 완전한 구슬

총기획 및 발행인 | 박연환 **발행처** | (주)한국헤르만헤세 **출판등록** | 제17-354호
본사 | 경기도 성남시 분당구 대왕판교로34번길 23 한국헤르만헤세 빌딩
대표전화 | (031)715-7722 **팩스** | (031)786-1100 **고객문의** | 080-715-7722
기획·편집 | 이은정, 홍정선, 곽민정, 지수진 **디자인** | 이성숙, 김태경, 차유미, 김양희, 안희정

이 책의 저작권은 (주)한국헤르만헤세가 소유하고 있으므로 본사의 동의나 허락 없이는 내용이나 그림을 어떠한 방법으로도 사용할 수 없습니다.

⚠ 주의 : 본 교재를 던지거나 떨어뜨리면 다칠 우려가 있으니 주의하십시오. 고온 다습한 장소나 직사광선이 닿는 장소에는 보관을 피해 주십시오.

완전한 구슬

글 이미지 | 그림 천숙연

한국헤르만헤세

옛날 조나라에 화씨라는 사람이 있었어.
화씨에게는 아주 귀한 구슬이 있었지.
화씨의 집은 그 구슬을 보러 오는 사람들로
날마다 *북새통을 이루었어.
"빛깔이 이렇게 아름다울 수가!"
"정말 완전한 구슬이야!"

色
빛깔 색

구슬에 대한 소문은 왕의 귀에까지 들어갔어.
"당장 화씨를 데려오너라!"
화씨가 왕 앞에 엎드리자
왕이 생글생글 웃으며 말했지.
"그대가 구슬을 바치겠다니 고맙게 받겠네."
화씨는 하는 수 없이 구슬을 왕에게 내주었어.

한편 욕심 많은 진나라 왕도 소문을 들었어.
"뭐! 조나라 왕이 화씨의 구슬을 가졌다고?"
진나라 왕은 화가 나서 씩씩거렸어.
"당장 화씨의 구슬을 나에게 가져오너라!"
진나라 왕은 신하들을 불러 놓고 안달복달.

玉
구슬 옥

'옳거니! 그러면 되겠구나.'
진나라 왕이 무릎을 탁 쳤어.
"여봐라! 조나라 왕에게 성 열다섯 개와
화씨의 구슬을 맞바꾸자고 전해라!"

신하들은 깜짝 놀라 입을 쩍 벌렸어.
"폐하, 성을 내주는 건 나라를 내주는 것과 같습니다."
하지만 진나라 왕은 껄껄 웃기만 했지.

그 말을 전해 들은 조나라 왕은
얼굴이 붉으락푸르락!
"성을 준다는 건 틀림없이 거짓말이야.
이건 구슬만 빼앗아 가려는 속셈이다."
조나라 왕은 어찌할 바를 몰라 발만 동동 굴렀어.

"구슬을 주지 않으면 쳐들어올 게 뻔한데
이 일을 어쩌면 좋단 말이냐?"
신하들은 슬금슬금 눈치만 살폈지.

그때 신하 인상여가 나섰어.
"폐하, 제가 구슬을 가지고 진나라에 가 보겠습니다."
"이 구슬을 지킬 자신이 있는가?"
"걱정 마십시오, 폐하.
진나라가 구슬과 성을 바꿀 마음이 있다면
성을 얻어 올 것이고,
그게 아니라면 구슬을 온전히 지키겠습니다."

진나라로 간 인상여는 왕에게 구슬을 건넸어.
"이것이 화씨의 구슬입니다."
구슬을 받아 든 진나라 왕은
싱글벙글 입을 다물지 못했지.
"오, 듣던 대로 *천하제일의 보물이구나!"

진나라 왕은 히죽히죽 웃으면서
구슬만 쳐다보았어.
약속한 성에 대한 이야기는
단 한마디도 하지 않고 말이야.
'역시 성을 준다는 건 거짓이었어.
구슬만 빼앗아 갈 속셈이군.'

인상여가 힘주어 말했어.
"폐하, 드릴 말씀이 있습니다."
"그래, 말해 보아라."

"그 구슬에는 **작은** 흠이 하나 있습니다."
진나라 왕은 화들짝 놀라 구슬을 요리조리 살폈지.
"잠깐 구슬을 주시면 어느 부분인지 알려드리겠습니다."
왕은 냉큼 구슬을 건넸어.

인상여는 구슬을 들고 슬몃슬몃 뒷걸음질쳤어.
"이 구슬은 흠 하나 없는 완전한 구슬입니다.
폐하께서 성은 주지 않으시고, 구슬만 빼앗으려 하시니
이 구슬은 제가 가지고 있겠습니다."
그러자 병사들이 인상여의 앞을 가로막았어.
"안 된다고 하시면 구슬을 기둥에 깨 버리겠습니다."
진나라 왕은 안절부절못했어.
"알았다, 알았어. 제발 구슬만은 깨뜨리지 마라."

身
몸 신

"닷새 동안 생각할 시간을 드리지요."
진나라 왕은 고개를 끄덕였어.
그날 밤, 인상여는 조용히 부하를 불렀어.
"진나라 왕은 약속을 지키지 않을 것이다.
어서 이 구슬을 가지고 돌아가거라."
부하는 몸에 구슬을 숨기고
몰래 진나라를 빠져나갔어.

닷새가 지나서야 진나라 왕은
구슬이 없어진 걸 알았지.
"우리를 속인 인상여를 없애야 합니다."
신하들이 목소리를 높였어.

하지만 왕은 고개를 절레절레 흔들었지.
"속인 건 괘씸하지만 그냥 두어라.
참으로 용기 있고 똑똑한 자가 아니더냐?"
진나라 왕은 인상여를 조나라로 돌려보냈단다.

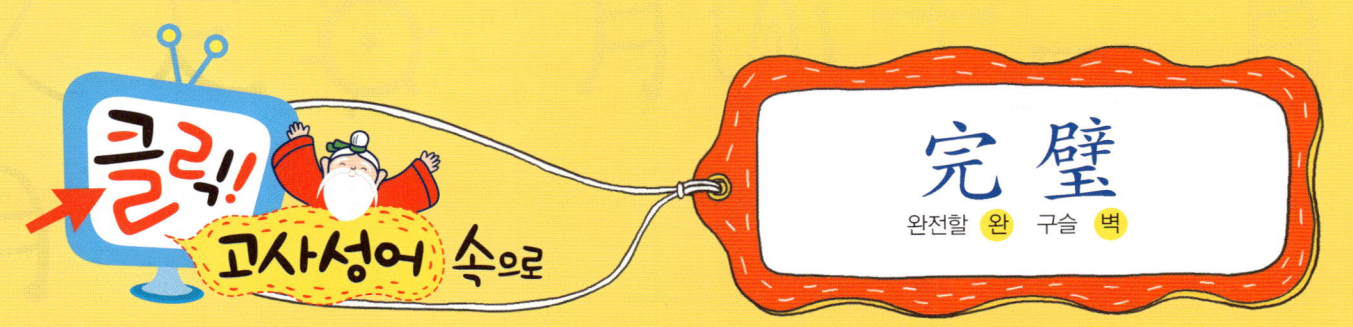

完 璧
완전할 **완** 구슬 **벽**

완벽은 《사기》의 〈인상여열전〉에 나오는 말로 원래 '완전한 구슬'을 뜻해요. 예로부터 동양에서 옥(玉, 구슬)은 최고의 보석이었어요. 그중에서도 조나라의 보물인 화씨 구슬은 흠 하나 없이 눈부시게 아름다워 천하에 이름이 높았지요. 그런데 힘이 강한 진나라가 화씨 구슬을 손에 넣으려고 꾀를 부렸어요. 이때 인상여가 재치를 발휘하여 무사히 화씨 구슬을 지킬 수 있었답니다.
여기서 유래한 완벽은 '흠이나 결함이 없이 완전함'을 이르는 말로 쓰이게 되었어요. 이 말은 '부족한 점이 없는 완벽한 사람', '그림처럼 멋지게 성공한 완벽한 골' 등으로 쓰인답니다.

서재에 갖추어야 할 네 벗, 문방사우

여러분은 방에 꼭 갖추어야 할 네 가지 벗을 꼽으라면 무엇을 들 수 있을까요? 옛 선비들은 문방사우(文房四友)를 꼽았답니다.
문방사우는 학문을 닦는 선비들이 방에 꼭 갖춰야 할 네 가지 물건을 말해요. 글씨를 쓸 종이와 붓, 벼루(먹을 가는 데 쓰는 문방구), 먹(벼루에 물을 붓고 갈아서 사용하는 검은 물감)을 생명이 있는 것처럼 벗으로 표현한 거예요. 이 네 가지를 한자로 지(紙), 필(筆), 묵(墨), 연(硯)이라고 해요. 선비들은 이것으로 멋진 시와 그림을 만들어 냈어요. 여러분도 오늘부터 책, 공책, 연필, 지우개를 친구 삼아 놀아 보세요. 공부가 더 재미있어질 거예요.

한자에 세이펜을 대어 보세요.

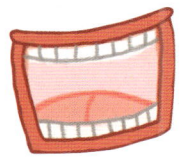

色	玉	全	口	小	身
빛깔 색	구슬 옥	온전할 전	입 구	작을 소	몸 신

모래알 같은 작을 소 小

작을 소

川 ➡ 八 ➡ 小

작을 소小는 모래알을 그린 모습에서 나왔어요. 현미경이 없던 시절 옛사람들에게 모래알은 세상에서 가장 '작은' 것을 뜻했을 거예요. 모래를 뜻하는 한자어는 모래 사沙예요. 물 수氵에 작을 소小와 비슷한 적을 소少를 합한 글자이지요. '물속에 있는 아주 작은 것'이 바로 모래라는 뜻이랍니다.

완벽

完 완전할 완　璧 구슬 벽